AF495906

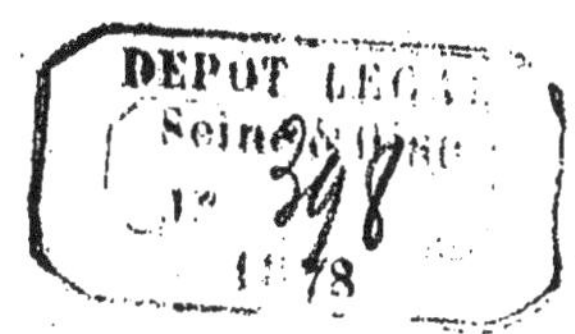

LE

PRÊT A INTÉRÊT

ET SON HISTOIRE

PAR

ARMAND HOUDOY

DOCTEUR EN DROIT

PARIS

L. LAROSE, LIBRAIRE-EDITEUR

22, RUE SOUFFLOT, 22

1878

Extrait de la *Nouvelle Revue historique de droit français et étranger.*

5036-78. — CORBEIL. TYP. ET STÉR. DE CRÉTÉ.

LE
PRÊT A INTÉRÊT ET SON HISTOIRE

Du prêt à intérêt et de son histoire, par M. GUSTAVE PELISSE, docteur en droit, avocat à la Cour d'appel. 1 vol. in-8 de 273 pages. Paris, Alphonse Derenne, 1877.

Au point de vue économique, la légitimité de l'intérêt ne saurait être contestée.

Du moment où l'on a reconnu le droit de propriété individuelle, l'intérêt en découlait comme conséquence nécessaire.

Le propriétaire, en effet, a, sur la chose qui lui appartient, un droit exclusif. Lui seul peut jouir de cette chose, s'en servir, et en retirer tous les profits qu'elle peut produire. Il peut aussi, évidemment, abandonner à un tiers tout ou partie des avantages qu'il était en droit de retirer de sa chose; cet abandon, il peut le faire sans rien réclamer en échange; mais n'est-il pas évident qu'il peut légitimement réclamer l'équivalent de ce qu'il concède?

De là sont nés tous les contrats qui, sous des noms divers, peuvent se diviser en deux classes : ceux qui consistent en un abandon du droit de propriété lui-même, et ceux qui ne comprennent qu'un abandon total ou partiel de la jouissance de la chose.

Le propriétaire consent-il à abandonner au profit d'un tiers l'intégralité de son droit sur la chose? S'il le fait gratuitement, il y a contrat de *donation;* si au contraire il réclame l'équivalent de ce qu'il donne, il y a *échange*. L'échange lui-même s'appelle *vente* quand cet équivalent est donné en argent monnoyé.

S'il ne consent au contraire à abandonner que la jouissance de sa chose et que ce soit à perpétuité, il se forme des contrats qui ont tenu une grande place dans le monde romain et au moyen âge. Que si enfin cette concession est faite pour un certain temps, déterminé ou non, nous voyons se former les contrats de *commodat* si la concession est gratuite, de *louage* si une indemnité est réclamée. Dans la même classe rentrent les contrats de *précaire*, d'*usufruit* et d'*usage* qui sont tantôt gratuits, tantôt onéreux, et qui au fond ne sont rien autre chose que des commodats et des louages, de même que la vente rentre dans la classe plus générale des échanges.

Si toutes choses quelconques peuvent donner naissance aux contrats de donation et d'échange, il n'en est pas de même pour les contrats de commodat et de louage. Ces derniers, en effet, comprennent pour le commodataire ou le locataire l'obligation de rendre la chose même dont la jouissance seule leur a été concédée. Or il est des choses dont on ne peut user sans en même temps les détruire. C'est ce qu'on a appelé les choses fongibles. Chaque fois qu'un propriétaire concède à un tiers le droit de faire de sa chose un usage qui soit de nature à le mettre dans l'impossibilité de restituer ensuite cette même chose, il ne peut y avoir ni commodat ni louage.

On inventa alors un nouveau contrat auquel on donna le nom de *prêt*, et l'on admit que le débiteur obtiendrait sa libération en remettant à son créancier non pas la chose même qui a été prêtée, mais une chose semblable. Le nom de prêt désigne spécialement le contrat qui se forme quand le propriétaire ne réclame aucun équivalent pour la privation temporaire de jouissance qu'il subit. Si au contraire il réclame une indemnité, on dit alors qu'il y a *prêt à intérêt*, du nom de l'indemnité qu'on appelle *intérêt*.

Le prêt n'est donc autre chose que le commodat des choses fongibles, le prêt à intérêt est le louage de ces mêmes choses.

Notons bien, d'ailleurs, qu'il n'y a pas de choses fongibles en soi, et que toute chose peut devenir fongible si les parties consentent à ce qu'il en soit fait un usage qui mette le débiteur dans l'impossibilité de la restituer, à cette seule condition qu'elle soit de nature à pouvoir être remplacée par une autre semblable. Si cette dernière condition ne pouvait être accomplie et que ce fût une chose différente qui dût être rendue, il y aurait échange ou vente à terme, et si enfin une indemnité était réclamée pour la privation momentanée de la chose, cette indemnité prendrait encore le nom d'intérêt. La différence, d'ailleurs, n'existerait que dans le nom du contrat, car le prêt n'est, en réalité, qu'un échange à terme.

De ceci il résulte que l'intérêt et le loyer sont deux choses identiques, représentant l'indemnité donnée au propriétaire pour la privation momentanée de sa chose, de même que la chose coéchangée et le prix d'une vente sont cette même indemnité au cas d'aliénation totale.

La légitimité de l'intérêt semble donc être aussi incontestable que celle de la perception d'un loyer ou d'un prix de vente.

Elle n'a pas, d'ailleurs, été contestée dans les sociétés primitives. Ce n'est que plus tard, et par suite de la condition politique et sociale de certains peuples, de certaines cités, que les principes ont dû céder parfois devant des situations où l'existence même des États était en péril.

C'est à Rome surtout qu'un pareil fait se rencontre et nous verrons tout à l'heure avec M. Pelisse quelles considérations puissantes ont conduit le législateur romain à limiter l'intérêt et même parfois à le supprimer.

Ces restrictions ne furent appliquées qu'au prêt d'argent, le prêt de denrées restant soumis aux principes naturels que nous avons brièvement exposés.

Cette distinction entre le prêt d'argent et les autres prêts se peut-elle justifier?

Que l'argent soit une marchandise ou qu'il ne soit qu'un signe, une valeur conventionnelle, n'est-il pas évident que par suite de la facilité avec laquelle il peut être converti en toute autre chose, et *vice versâ,* on ne peut concevoir *à priori* un motif qui doive le faire régir par des règles spéciales? S'il est vrai que l'argent n'est pas productif par lui-même, n'est-il pas évident aussi qu'il le devient quand il s'est transformé en choses productives? Et l'argent n'est-il pas toujours prêté non pour rester comme valeur inerte entre les mains de l'emprunteur, mais pour mettre celui-ci à même de se procurer les choses qui lui sont nécessaires? Si, au lieu de livrer de l'argent, le prêteur avait directement livré les choses dont l'emprunteur a besoin, il pourrait légitimement réclamer des intérêts; pourquoi donc serait-il privé de ce droit parce qu'il aurait donné la valeur qui permet à son débiteur de les acquérir?

La distinction ne se soutient donc pas. Ni au point de vue juridique, ni au point de vue économique, la suppression de l'intérêt de l'argent ni sa limitation ne sauraient se justifier; l'histoire peut seulement les expliquer.

Après la législation romaine, les Pères de l'Église chrétienne sont venus porter une atteinte sérieuse au prêt à intérêt. S'ils reproduisent à tort les arguments sophistiques de certains philosophes antiques, ils ont au moins une base logique pour leur prohibition. Nous avons dit, en effet, que le principe de l'intérêt repose sur la propriété individuelle. Or l'Église nie, à certains égards au moins, le droit de propriété individuelle : ceux qui possèdent sont considérés comme de simples dépositaires chargés par Dieu de fournir aux besoins de ceux qui n'ont pas. Dans cette merveilleuse règle de charité qui fait la gloire du christianisme, l'intérêt ne pouvait plus trouver sa place.

C'est en partant de ce même principe de la négation de la propriété individuelle que l'école socialiste moderne arrive à s'accorder avec les Pères de l'Église sur la prohibition de l'intérêt. Cette école est plus radicale et partant plus logique. Ce n'est pas seulement l'intérêt de l'argent qu'elle supprime, c'est aussi toute espèce d'intérêt, c'est le loyer et le prix de vente lui-même; consacrant ainsi la solidarité qui, suivant nous, doit exister entre toutes ces conséquences du droit de propriété, entre toutes ces indemnités fournies à un propriétaire pour la privation totale ou partielle, perpétuelle ou momentanée de sa chose.

Mais en dépit des aspirations charitables des Pères de l'Église et des utopies de l'école socialiste, la propriété individuelle ne saurait être aujourd'hui sérieusement contestée.

La légitimité de l'intérêt en découle, nous le répétons, comme conséquence nécessaire.

Les considérations sur lesquelles nous l'avons basée montrent également qu'il n'y a pas plus de raison pour limiter le taux de l'intérêt de l'argent que pour apposer une limite à l'intérêt perçu par le propriétaire en cas de prêt de denrées non plus qu'au chiffre des loyers et des prix de vente ou à la valeur des choses coéchangées.

La prohibition de l'intérêt et sa limitation, de même que la tarification parfois faite du prix de certaines denrées, a donc une explication purement historique.

C'est cette histoire du prêt à intérêt qui fait l'objet du livre de M. Pelisse dont nous entretenons aujourd'hui nos lecteurs. Cette histoire, vu l'importance que cette question a eue dans toutes les législations, présente par elle-même un grand intérêt; aujourd'hui, elle a de plus un certain caractère d'actualité.

Le législateur français, tout en reconnaissant en principe la légitimité de l'intérêt, a cru devoir, en cas de prêt d'argent, apporter une dérogation au principe de la liberté des conventions, en fixant un taux que les parties ne pourraient dépasser. La loi du 3 septembre 1807 a pensé que l'ordre public exigeait que l'on laissât subsister une tarification qui, depuis la loi des XII Tables, avait été consacrée par toutes les législations, oubliant que ces réglementations, quelque unanimes qu'elles aient été, n'en étaient pas moins une dérogation aux principes, et ne pouvaient se justifier que par la situation politique et économique des temps où elles furent faites. La révolution de 1789 avait établi un ordre social nouveau, la science économique était fondée, et, loin que la limitation de l'intérêt fût légitimée par les besoins de la société, elle se conciliait de moins en moins avec les nécessités de la pratique. Depuis lors ces nécessités n'ont fait que croître chaque jour : ce n'est pas seulement la doctrine qui s'est élevée contre la loi de 1807; la jurisprudence elle-même se voit forcée de la tourner, sinon de la violer ouvertement.

Le 23 janvier 1877 M. Truelle développa devant la Chambre des députés une proposition tendant à l'abrogation de la loi de 1807, et la Chambre, sur avis conforme de M. le ministre des finances, prononça la prise en considération. La dissolution de la Chambre a empêché la discussion de cette proposition ; mais l'opinion publique est trop pressante pour qu'elle ne soit pas prochainement renouvelée.

Le livre de M. Pelisse, en insistant sur le côté historique de la question, est de nature à contribuer dans une proportion sérieuse à amener une solution, et il sera lu avec fruit par tous ceux qui s'occupent de cette grave question.

Voyons maintenant comment l'auteur a accompli la tâche qu'il s'était proposée.

Dans un premier chapitre, il présente des considérations générales sur la légitimité de l'intérêt : il y passe en revue les principales objections que l'on a faites contre le prêt à intérêt. Il montre bien l'inanité de l'argument d'Aristote tiré de la « stérilité de l'argent » ; peut-être seulement n'a-t-il pas assez insisté sur le caractère de l'argent monnayé qui n'est pas seulement « une marchandise dont l'État garantit le poids et le titre », mais aussi, souvent, une valeur de convention et de crédit, caractère qui est celui de tous les papiers-monnaie qui, de nos jours, tiennent dans les transactions bien plus de place que les espèces métalliques.

C'est ce second caractère de l'argent qui, bien plus que le premier, doit être considéré en cas de prêt. L'emprunteur d'une somme d'argent, en effet, doit rendre, non pas la même quantité de métal qu'il a reçue, mais une valeur conventionnelle identique. C'est que, comme nous le disions plus haut, l'argent ne se prête pas pour lui-même, mais pour servir à procurer à l'emprunteur les choses dont il a besoin. Insister sur ce point, c'eût été démontrer l'identité absolue entre le prêt d'argent et le prêt de toute autre chose, montrer par là même que les règles qui régissaient le second auraient dû être identiquement appliquées au premier, et qu'il n'y avait pas de raison pour prohiber ou limiter l'intérêt dans un cas quand on l'abandonnait, dans l'autre, à la libre convention des parties.

A part cette légère critique, nous nous empressons de reconnaître que M. Pelisse a parfaitement saisi le véritable caractère de l'intérêt qu'il définit : « Le prix de l'usage du capital », prenant le mot *capital* dans le sens large que lui donne la science économique, comme désignant toute valeur quelconque. Il assimile donc avec raison l'intérêt au loyer.

Le chapitre II est consacré à l'étude du prêt à intérêt en Grèce. A Athènes, l'intérêt est reconnu légitime par les lois et n'est soumis à aucune limitation. M. Pelisse explique ce fait par la nature même de la société athénienne, qui était à peu près exclusivement adonnée au commerce. L'usure exagérée seule excite parfois l'indignation des philosophes ; mais si les excès de l'usure amenèrent Solon à diminuer les dettes en changeant le titre de la monnaie, ce législateur n'apporta aucune atteinte aux principes, et le taux de l'intérêt resta abandonné à la libre convention des parties.

A Lacédémone, au contraire, les mœurs étaient différentes ; Lycurgue avait sévèrement interdit la possession de l'or et de l'argent. Ce n'était pas seulement l'intérêt qui n'était pas reconnu par la législation, le prêt d'argent lui-même était impossible.

Dans les chapitres III et suivants, M. Pelisse étudie le prêt à intérêt à Rome. Jusqu'à la loi des XII Tables, l'intérêt fut illimité; mais en présence de troubles qui compromettaient l'existence même de l'État, le législateur dut bientôt intervenir entre les débiteurs et les créanciers. Depuis la loi des XII Tables jusqu'à la fin de l'empire romain, l'intérêt fut limité, quelquefois même prohibé, et, à plusieurs reprises, on alla jusqu'à supprimer les dettes elles-mêmes, sans que jamais ces mesures aient pu produire un soulagement durable. Il faut lire dans M. Pelisse le résumé de cette histoire lamentable.

Quelle est la cause de cette impuissance de la législation ?

La cause principale, d'après l'auteur, réside dans l'intérêt même que la caste patricienne avait à tenir sous sa dépendance cette plèbe qu'elle prétendait assujettir entièrement au point de vue politique : « Sous la grande division sociale « des patriciens et des plébéiens, il y a, dit-il, celle des prê« teurs et des emprunteurs. » Et plus loin : « La misère et le « malheur du peuple n'étaient que le résultat d'un crime « du patriciat, qui se réservait le monopole de l'exploitation « de la plèbe. » Cette idée est très-exacte; mais elle est insuffisante à tout expliquer.

La limitation du taux de l'intérêt, la suppression des voies de contrainte rigoureuses du droit primitif contre les débiteurs, eussent pu remédier à l'excès de la misère du peuple. Et c'est surtout lorsque la plèbe eut conquis son affranchissement politique, qu'on aurait dû voir disparaître les maux causés par l'usure.

Il n'en fut rien cependant. Est-ce, comme le dit M. Pelisse, parce que les lois sur le taux de l'intérêt furent sans cesse violées?

Nous pensons que l'explication est tout autre. Il y a une cause différente à la situation épouvantable des emprunteurs à Rome, cause que M. Pelisse a connue, qu'il signale à plusieurs reprises, bien que nous regrettions qu'il n'ait pas suffisamment appuyé sur ce point. Cette cause réside dans la condition économique de la plèbe romaine.

L'usure, l'intérêt lui-même n'auraient pas existé chez les Romains, que nous n'en aurions pas moins assisté aux mêmes troubles, aux mêmes difficultés de toute nature.

La source de toute richesse, c'est le travail. L'argent prêté, entre les mains d'un travailleur, devient une source de richesse plus que suffisante, pour que celui-ci puisse se libérer de sa dette et des intérêts qu'elle produit. C'est ce qui eut lieu à Athènes. A Rome, il en fut de même à l'origine; chaque citoyen était propriétaire, il s'adonnait à l'agriculture, et si une année malheureuse le forçait de recourir à l'emprunt, l'année suivante lui apportait les moyens de se libérer. Sous les rois, le prêt à intérêt fut libre et ne produisit aucun des maux que nous voyons apparaître plus tard.

Les guerres continuelles de Rome vinrent modifier cet état de choses : chaque citoyen était soldat, et la solde n'existait pas. C'était à ses frais qu'il devait pourvoir à son équipement et à sa subsistance pendant la campagne. Il recourait alors à l'emprunt. Pendant que le plébéien contractait ainsi des dettes, il ne pouvait se livrer au travail; son champ était abandonné. La guerre finie, sa part de butin, les terres qu'on lui distribuait lui permettaient parfois de payer son créancier; mais sa ruine n'en était pas moins consommée. La paix était rarement assez longue pour que le soldat pût se remettre au travail : une nouvelle guerre survenant, il fallait de nouveau recourir à l'emprunt.

Les dettes croissaient ainsi chaque jour. Pour y faire face, il fallut que les malheureux débiteurs vendissent aux patriciens leur pièce de terre. D'un autre côté, l'aristocratie supprima à son profit les distributions de terre. La plèbe se trouva donc privée de tout moyen d'existence, n'ayant d'autre ressource, pour vivre, que l'*æs alienum*. Elle perdit l'habitude du travail. D'ailleurs l'agriculture était la seule occupation qui fût jugée digne d'un homme libre; or la plèbe urbaine n'avait plus de terres à cultiver. Nous avions donc raison de dire que, l'intérêt n'eût-il pas existé, la situation des débiteurs n'en eût pas été moins malheureuse.

Les lois restrictives de l'usure, la suppression des dettes elles-mêmes restèrent inefficaces, car le lendemain les plébéiens durent s'endetter à nouveau pour vivre.

Cet état de choses ne fut pas modifié par l'affranchissement politique de la plèbe. Les plébéiens s'occupèrent des affaires publiques, mais ils continuèrent à ne pas travailler. Leur source de revenu consistait dans les distributions de denrées et d'argent que leur faisaient les ambitieux qui briguaient leurs suffrages. Hors de là, ils devaient, pour vivre, recourir à l'emprunt.

Telle est la condition de la plèbe urbaine. Que sa misère ait été grande, que les patriciens se soient montrés envers elle coupables d'une grande cruauté, c'est ce que nul ne peut contester; mais il n'en est pas moins vrai que c'est l'absence du travail bien plus que l'usure qui fut la principale cause de ces misères.

Pour y remédier, ce n'était pas des lois sur l'usure qu'il eût fallu faire. Il n'eût fallu rien moins que modifier l'état social tout entier, donner une solde au soldat et encourager le travail libre et le négoce.

Sous l'empire, la question des dettes a perdu de son intensité. Sans doute les patriciens ont dépouillé leurs anciennes prétentions et ils n'ont plus le monopole de la richesse; mais les prêteurs se montrent-ils plus doux envers leurs débiteurs? Il suffit de lire les historiens du temps pour savoir qu'il n'en est rien. La vérité est que les empereurs réduisirent le nombre des emprunts en subvenant eux-mêmes aux besoins de la populace qui persistait à mépriser le travail et qui préférait faire et défaire des empereurs, ne demandant en échange que du pain et des jeux.

Si de Rome même nous passons dans les municipes, nous ne trouvons plus rien de semblable. L'agriculture et le commerce y sont en honneur, et avec eux le bien-être règne partout. Dans aucun de ces grands municipes où se trouvait cependant une opulente aristocratie de chevaliers, image du patriciat romain, nous ne voyons la plèbe écrasée sous le fardeau des dettes. Et quand, dans les derniers temps de l'empire, la décomposition sociale arriva à ce point que le travail fut abandonné, quand la misère fut intolérable, on ne recourut plus à l'emprunt, mais l'empire tomba et une société nouvelle se fonda sur ses ruines.

Revenons à la législation romaine sur le prêt à intérêt. Cette législation, avons-nous dit, limita le taux de l'intérêt, limitation imposée par la plèbe romaine et qui n'eût pas été commandée par les mêmes motifs dans les provinces ; l'unité de la législation s'y étendit toutefois, et elle survécut sous l'empire aux causes qui lui avaient donné naissance. Puis vinrent le Christianisme et les doctrines des Pères de l'Église qui attaquaient l'intérêt dans sa base. Si les empereurs chrétiens se refusèrent à prohiber l'intérêt, ils firent au moins cette concession à l'Église d'en réduire le taux. Constantin alla même jusqu'à fixer l'intérêt en matière de prêt de denrées. Le maximum était de la moitié du capital (1). Ainsi se perpétue, en cette matière, l'intervention du législateur qui forme encore la base de notre législation actuelle.

Nous avons dit les causes et les bases des dispositions du droit romain ; il faut en lire les détails dans le livre de M. Pelisse. Après avoir établi quel fut chez les Romains le taux de l'intérêt, il examine les différentes formes données au prêt d'argent, le *nexum* et le *mutuum*. Il fait remarquer que le *mutuum*, étant un contrat réel de droit strict, se trouvait impuissant à produire une obligation à des intérêts. Il fallait pour cela une stipulation ; parfois même, un simple pacte

(1) L. 1 C. Th., *De usuris*, 2, 33.

était suffisant. Viennent ensuite les règles sur le point de départ des intérêts, sur leur cessation, et sur les conditions de capacité nécessaires pour pouvoir consentir ou contracter un prêt d'argent. Le chapitre VII traite de la preuve du prêt et de la stipulation d'intérêts, le chapitre VIII de l'anatocisme ou capitalisation des intérêts. Le chapitre IX enfin est consacré au *nauticum fœnus* ou prêt maritime, dans lequel, vu les risques plus considérables qu'avait à courir le prêteur, celui-ci pouvait exiger un intérêt plus élevé.

Dans un premier appendice, M. Pelisse étudie la situation spéciale faite par la législation romaine aux *argentarii* ou banquiers particulièrement adonnés au commerce de l'argent; et dans un second, intitulé « de la condition des débiteurs à Rome », il donne un aperçu de l'histoire des voies d'exécution ouvertes aux créanciers.

Toutes ces questions présentent le plus grand intérêt et nous voudrions pouvoir suivre l'auteur dans les développements qu'il leur donne. Nous y constaterions chez celui-ci une connaissance sérieuse du droit, et nous n'aurions à faire sur son œuvre que quelques légères critiques de détail. Mais ce serait sortir des limites qui nous sont imposées, et, d'autre part, nous avons voulu surtout insister sur le côté économique des enseignements que l'on peut puiser dans l'histoire.

Arrivons donc immédiatement au chapitre X qui traite du prêt à intérêt dans l'ancien, le nouveau Testament et les Pères de l'Église. M. Pelisse débute par quelques pages où il décrit la législation juive défendant aux Juifs d'exiger des intérêts entre eux, mais les autorisant à en réclamer aux étrangers. Il passe ensuite aux préceptes évangéliques, il donne le sens exact qu'on doit attribuer à ce passage de l'Evangile selon saint Luc : « *Mutuum date nihil inde sperantes* »; il démontre que le Christ lui-même reconnaissait la légitimité de l'intérêt.

Les Pères de l'Église dépassèrent la pensée de l'Évangile. Presque tous firent d'un précepte de morale une règle positive et condamnèrent absolument le prêt à intérêt en reprenant les arguments des philosophes païens. Nous avons vu qu'ils ne parvinrent pas, cependant, à faire écrire la prohibition de l'intérêt dans les lois. Le concile de Nicée, seulement, étendant la disposition de quarante-quatrième canon des apôtres, interdit le prêt à intérêt aux clercs.

A partir du milieu du cinquième siècle, l'Église essaie d'imposer sa prohibition à la société laïque; la chute de l'empire d'Occident lui falicita cette tâche : les barbares, en adoptant le christianisme, suivirent la doctrine du pape et des Pères. C'est en 445 que le pape saint Léon par une décrétale célèbre se résout à exercer toutes les rigueurs des lois de l'Église contre ceux qui seront convaincus d'usure afin de retrancher une occasion si périlleuse d'offenser Dieu; et il faut arriver jusqu'à 1745 pour voir le pape Benoît XIV laisser à chaque prêtre la liberté de décider, dans chaque espèce, si le fait de prêter à intérêt était légitime.

M. Pelisse passe ensuite à la législation gallo-franque; il fait remarquer que la généralisation de la défense du prêt à intérêt due à l'initiative du pape saint Léon fut acceptée en France bien plus tard qu'en Italie. Bien que la décrétale de saint Léon eut force de loi dans les Gaules, le pouvoir civil continuait à permettre la perception de l'intérêt. Il en trouve la preuve dans des passages de Sidoine Apollinaire et de Grégoire de Tours et dans certaines formules de Marculfe.

Il constate d'ailleurs que les lois barbares ne nous donnent, sur le prêt d'argent, que peu de renseignements. La raison de ce silence, que nous regrettons de ne pas voir indiquée par l'auteur, réside dans ce fait que le prêt d'argent était à peu près inconnu des barbares. L'argent monnayé, à cause de sa rareté, était remplacé par les meubles que chaque homme libre avait en sa possession et dont il pouvait disposer, par des moutons, des bœufs, des chevaux, des habits et même des esclaves. Le mot *pecunia* doit, dans les lois germaniques, être pris dans son sens propre qui comprenait tous les « biens mobiliers ». C'étaient ces objets en nature qui constituaient la véritable monnaie; tout paiement était fait avec ces meubles auxquels des arbitres assignaient la valeur nominale pour laquelle ils seraient comptés (1).

(1) V. la procédure de la *lex Salica*, par R. Sohm, traduit et annoté par Marcel Thévenin. Paris, 1873, p. 15.

Dès lors, les lois n'avaient pas à prévoir le prêt d'argent. Le contrat de prêt du droit germanique appelé *res præstita*, comprenait à la fois le commodat et le *mutuum* du droit romain. C'était un contrat réel, gratuit par nature : « *Fœnus est qui aliquid præstat, justum fœnus est, qui amplius non requirit nisi quam præstat* ». D'où nous sommes porté à conclure que les populations germaniques ne connaissaient pas le prêt à intérêt.

C'est donc à tort que M. Pelisse donne à l'obligation de l'emprunteur le nom de *fides facta*. La *fides facta* était un mode d'obligation qui tenait à la fois de la stipulation et du constitut romains. Elle pouvait produire, soit une sorte de fidéjussion, soit une novation. Le débiteur, poursuivi par la procédure *ex re præstita*, pouvait *fidem facere reddendi*. Il y avait alors novation et le prêteur pouvait employer, pour arriver au paiement, la procédure ex *fide facta*. Maintenant, la *fides facta* pouvait-elle aboutir comme la stipulation romaine à faire promettre des intérêts ? C'est une question que nous ne saurions résoudre.

La loi salique ne reconnaît même pas l'intérêt moratoire ; le titre 52, relatif à la procédure *de re præstita*, établit une amende de 15 solides contre l'emprunteur en retard ; mais le texte lui-même indique que cette amende a un caractère uniquement *procédural*.

En arrivant sur le sol de l'empire, les barbares y trouvèrent le prêt à intérêt romain, et ils le prirent tel qu'il était, c'est-à-dire avec la limitation de l'intérêt. La *lex Ribuaria* en maintenant l'amende de 15 solides contre l'emprunteur en retard, lui donne un caractère moratoire. Le Bréviaire d'Alaric adopte purement et simplement les dispositions du Code théodosien sur le prêt à intérêt, c'est-à-dire la *centesima usura* pour le prêt d'argent et un denier en sus de la chose prêtée pour le prêt de denrées. En cas d'usure la peine était du quadruple des intérêts stipulés au delà du taux légal dans le premier cas, et la perte même du capital dans le second.

Il faut arriver aux Capitulaires pour voir l'accord établi entre la loi civile et la loi religieuse. En 789 le capitulaire d'Aix-la-Chapelle prescrit l'obéissance au décret de saint Léon ; l'intérêt est absolument prohibé.

Dans le chapitre suivant (XIII), M. Pelisse explique comment la législation resta stationnaire aux dixième, onzième, douzième et treizième siècles. « Aux vilains comme aux sei« gneurs l'Église imposait son autorité ; son pouvoir était « souverain. Dans la hiérarchie féodale tout obéissait à « cette grande force. » La proscription de l'intérêt resta donc générale pour les chrétiens ; mais les lois civiles font exception pour les Juifs et les Lombards.

Le chapitre XIV contient l'exposé de la situation faite au prêt à intérêt par les ordonnances, le droit coutumier et le droit écrit.

Les ordonnances ne font que confirmer l'état de choses existant. Elles édictent des peines contre le prêt à intérêt, ne faisant exception que pour les Juifs et les Lombards qui sont l'objet d'une législation spéciale variant suivant les temps et les circonstances.

Le droit romain, qui était la base de la législation des pays de droit écrit, admettant le prêt à intérêt, ce contrat n'était pas absolument prohibé dans ces provinces ; mais la jurisprudence des différents parlements n'était pas uniforme à cet égard. En général le prêt à intérêt y était entouré d'une foule de restrictions ; mais on s'accordait à connaître que les intérêts non usuraires qui avaient été payés ne pouvaient être l'objet d'une répétition.

Quant aux pays de coutume, la règle générale était la prohibition de l'intérêt ; mais cette règle, strictement restreinte au contrat appelé en droit *mutuum*, ne s'appliquait de plus qu'au prêt d'argent. M. Pelisse signale une exception remarquable qui fut longtemps admise relativement aux deniers appartenant à des mineurs, et qui, du reste, dut disparaître devant les réclamations de l'Église (1).

(1) Nous nous permettrons, pour montrer à quel point les règles canoniques préoccupaient les esprits à cette époque, de citer ici un article inédit des comptes de la ville de Lille qui témoigne des scrupules du Magistrat de cette ville :

« A Philippe Fremault Mayeur et Me Jehan Franchois, conseillier « pencionnaire, lesquels se sont transportés es villes de Gand et de « Louvain pour illenc et en chascun desdits lieux assembler theologiens, « juristes et décrétistes et pardevant eulx mettre en délibération, assavoir « se la manière de tout temps observé en ceste ville de Lille sur le fait de « mettre en prouffict et gaing les deniers appartenans aux mineurs d'ans

Nous regrettons que l'auteur n'ait pas rapproché de cette prohibition du prêt à intérêt par les coutumes tous les cas si nombreux où les intérêts étaient dus de plein droit, soit par suite de la nature de la créance, soit en vertu d'une disposition de la loi. Il est vrai qu'on n'est plus en présence du contrat de prêt qui forme l'objet du livre de M. Pelisse, mais au point de vue de l'histoire de l'intérêt, ce rapprochement eût pu contenir plus d'un enseignement. Nous ne pouvons entrer ici dans le détail de tous ces cas; mais nous pouvons dire d'une manière générale que celui qui détient des deniers appartenant à autrui doit en fournir les intérêts, s'ils les détient à tout autre titre qu'en vertu d'un prêt, et sans qu'il soit besoin d'une mise en demeure formelle. Ainsi la dot promise produit intérêt du jour de la célébration du mariage ; de même la dot de la femme du jour du décès du mari ou de la séparation de biens ; en matière de succession, les sommes sujettes à rapport doivent être rapportées avec les intérêts du jour du décès ; le tuteur doit l'intérêt des sommes dont il n'a pas fait emploi et du reliquat de son compte de tutelle ; l'acheteur d'un immeuble ou d'un bien réputé tel doit les intérêts du jour de la vente s'il n'y a convention contraire, etc.

Que deviennent dès lors tous les arguments contre le prêt à intérêt, et notamment celui tiré de la stérilité de l'argent? N'est-il pas vrai que toutes ces dispositions avaient été admises en vertu du principe sur lequel nous basons la légitimité de l'intérêt, à savoir que l'argent est une valeur de nature à procurer des profits à son propriétaire et que lorsque c'est un tiers qui en jouit à défaut de celui-ci, il y a lieu à une juste indemnité?

« estoit ou pouvoit estre dicte et réputée usure, ainsy que notoirement et « publicquement l'en avoit preschié et preschoit en icelle. Selon la délibé- « racion d'iceux théologiens, légistes et décrétistes mettre règle au gou- « gouvernement d'iceulx mineurs d'ans affin d'éviter le peril de dampnation, « en quoy selon les dittes predications pouryent estre ceulx qui ce faisoient « et souffroient ferre, duquel lieu de Louvain iceulx depputés rapportèrent « ung très-bon et notable conseil par escript et signé, mais quant à ceulx « dudit lieu de Gand pour ce que aucuns théologiens n'avoient pu estre « prets à l'eure que les dits depputés se y trouvèrent, iceulx depputés se « retournèrent et firent rapport à Eschevins. liii l xvi s. » (Arch. mun. de Lille. Compte de la ville du jour de Toussaint 1473 audit jour de l'an 1474.)

Mais d'où vient alors que la nécessité des choses qui avait introduit dans les coutumes l'intérêt moratoire, n'y ait pas également amené le prêt à intérêt. C'est que, en présence des prohibitions de l'Église, on avait préféré tourner la difficulté plutôt que de se mettre en opposition directe avec les décrets des papes et les canons des conciles. Les coutumes avaient leur prêt à intérêt qui n'était autre que la constitution de rente.

Il faut lire dans M. Pelisse un chapitre très-bien fait (XV) dans lequel il résume les détours imaginés pour éluder la prohibition du prêt à intérêt. « La prohibition de l'intérêt, « dit-il, se heurtait à la nécessité absolue du prêt à intérêt. » Les canonistes essayèrent bien de protester également contre la constitution de rente; mais le pouvoir civil fut sur ce point inflexible. L'Église céda. Les ordonnances et les coutumes se bornèrent à limiter le taux des arrérages.

Pendant ce temps, la lutte se continuait sur le terrain spéculatif et nous voudrions pouvoir citer *in extenso* les pages que l'auteur consacre à ce sujet (133-143). Depuis longtemps, la cause du prêt à intérêt était gagnée quand arriva la révolution française.

Nous ne nous arrêterons pas aux développements que donne M. Pelisse sur les règles relatives au prêt à intérêt dans la législation intermédiaire, le Code civil et la loi du 3 septembre 1807, car c'est surtout sur le côté historique de son livre que nous voulons attirer l'attention. La légitimité de l'intérêt n'est plus en cause; mais le législateur a cru devoir en limiter le taux, et c'est contre cette limitation déjà condamnée avec tant d'autorité par Turgot que s'élève M. Pelisse.

Nous arrivons au chapitre XX qui traite « des exceptions à la loi de 1807 ». L'auteur, après avoir énuméré les dispositions législatives qui autorisent la perception d'intérêts supérieurs au taux légal, soit dans les colonies, soit au profit de certaines institutions de crédit et des maisons de prêt sur gage, arrive à d'autres exceptions introduites par la pratique, consacrées par la jurisprudence et qui n'en sont pas moins des violations formelles de la loi de 1807. Il recherche la véritable nature de l'escompte, de la commission, du compte courant, du change, du prêt à la halle, etc. Dans toutes ces combinaisons, il voit en réalité, un prêt à intérêt au delà du taux légal; et plus ces violations de la loi paraissent nécessaires et inévitables, plus l'insuffisance de la loi se trouve irréfutablement démontrée.

Nous savons gré à M. Pelisse d'avoir insisté sur ce point, car c'est là la considération la plus puissante qui doit presser le législateur de mettre fin, en changeant la loi de 1807, à un pareil état de choses. On se plaint souvent en France de ce que la loi ne soit pas respectée, et nos voisins ne nous ménagent pas les critiques à cet égard. On serait souvent tenté, et non sans quelque raison, d'en accuser la jurisprudence, qui sous prétexte d'interpréter la loi, arrive en réalité à la modifier et à en éluder l'application quand cette application lui semble devoir amener des résultats regrettables. C'est là, suivant nous, amoindrir la loi, c'est lui enlever ce caractère absolu qui fait sa force et qui a donné naissance au brocard « *Dura lex, sed lex* ». Mais si les tribunaux sortent peut-être un peu de leur sphère, la faute en est aussi au législateur qui laisse subsister des lois surannées longtemps après que les nécessités du temps et la puissance de l'opinion les ont absolument condamnées. C'est à cette inaction profondément regrettable, que nous devons surtout attribuer ce spectacle non moins fâcheux, de voir la loi sinon ouvertement violée, au moins éludée par ceux-là mêmes qui ont mission de l'appliquer.

Nous arrivons enfin au chapitre XXII qui est une des parties les plus remarquables de l'œuvre de M. Pelisse.

Avec une grande puissance de raisonnement, il y démontre que le taux de l'intérêt ne doit pas être limité par le législateur; qu'en effet, l'argent est une marchandise comme les autres, soumise aux mêmes variations de valeur; que dès lors il est irrationnel de fixer d'une manière absolue le produit qu'on peut en retirer. « La liberté de l'intérêt, dit-il, « découle du principe sur lequel repose tout l'édifice social, « le droit de propriété. Je suis propriétaire de mon argent, « je puis en disposer à mon gré, et sous les conditions qu'il « me plaira de stipuler. On ne peut nier que l'argent ne « puisse être l'objet d'un droit de propriété aussi absolu que

« celui qui existe sur les autres objets. La réglementation du « taux de l'intérêt est une violation du droit de propriété ».

Ces principes posés, M. Pelisse va au fond des choses et recherche quelle est la nature du prêt à intérêt : « Le prêt à « intérêt n'est qu'un louage de capitaux : le prêteur cède la « jouissance d'une somme moyennant un prix périodique de « loyer. La nature même des pièces de monnaie et l'intention « des parties font considérer l'argent comme chose fongible; « donc, à la différence du louage de corps certains, c'est une « somme de même valeur qui doit être rendue. Ce qui n'est « pas douteux, c'est que le prêt à intérêt est un louage de « choses fongibles. »

Mais par cela même que le prêteur aliène ses capitaux, il court un risque plus grand que dans tout autre contrat :

« Les chances de perte sont pour le prêteur, car l'insolva- « bilité de l'emprunteur peut survenir ou s'accroître de ma- « nière qu'il ne puisse rendre le capital prêté. Cela fait que « les garanties présentées par les emprunteurs sont diffé- « rentes : de là la variation du prix des risques. La situation « de la personne, la nature des opérations que fait l'emprun- « teur, tout peut changer le prix de la prime d'assurance « destinée à couvrir les risques que court le prêteur. »

L'intérêt se compose donc de deux éléments : le loyer et les risques. Ces deux éléments sont essentiellement variables; le taux de l'intérêt doit donc varier à chaque instant. Toute fixation *à priori* et constante est donc irrationnelle.

Vient ensuite l'examen des objections : On conteste que l'argent soit une marchandise. Nous avons déjà répondu : S'il est parfois un simple signe, ce signe représente une valeur ou une marchandise, et par nature il doit se transformer continuellement en marchandises et réciproquement. Ce n'est pas en tant que signe que l'argent figure dans les transactions, mais comme valeur. Il doit être régi par les mêmes règles que tout autre valeur.

On objecte encore que le prêt à intérêt n'est pas un louage, mais un prêt, c'est-à-dire un contrat gratuit par nature. Cette objection ne touche pas seulement à la question du taux de l'intérêt, mais à la légitimité de l'intérêt lui-même.

M. Pelisse fait remarquer qu'il y a là une confusion qui

nous vient de la législation romaine. Oui, le *mutuum* est un contrat gratuit. Pourquoi? parce que, dans la législation romaine, il était un contrat réel donnant naissance à une *conditio certi*, c'est-à-dire à une action de droit strict. Ce n'était pas en vertu d'une convention que l'emprunteur devenait débiteur, mais en vertu d'une livraison (*ex re data*). Par la nature même des choses, dans ce droit rigoureux, on ne pouvait être obligé de rendre plus qu'on n'avait reçu. Voilà le *prêt;* et c'est également le caractère que présentait la *res tradita* du droit germanique. Mais une convention pouvait venir s'adjoindre à ce contrat réel; et à l'obligation de rendre, née de la remise des espèces, venait se joindre une obligation conventionnelle de payer les intérêts.

Mais, dit-on encore, le prêt à intérêt n'est pas un louage, puisqu'on lui donne un nom distinct.

M. Pelisse n'en donne pas la raison, mais nous l'avons déjà indiquée : c'est que, lorsque le louage porte sur des choses fongibles, on ne peut rendre la chose même qui a été reçue. Le bailleur reste propriétaire de la chose louée, tandis que le prêteur transmet à l'emprunteur la propriété de la chose prêtée. Cette différence était trop substancielle pour que la législation si formaliste des Romains put confondre les deux cas.

Mais ces subtilités de forme n'auraient plus dû trouver leur place dans notre législation. Ce que nous venons de dire du louage des choses fongibles s'appliquait identiquement au commodat des mêmes choses. Le Code cependant a confondu sous un même nom ces deux contrats que les Romains avaient si soigneusement distingués. Le commodat et le *mutuum* sont confondus sous le même nom de *prêt*. Le prêt à intérêt et le louage auraient dû aussi être réunis sous une même rubrique; comme le dit M. Pelisse : « Le législateur de 1789 en admettant le prêt onéreux, louage de capitaux, aurait dû, pour prévenir toute confusion, changer la dénomination de prêt, qu'on aurait du conserver pour désigner le simple prêt. ».

Si nous ne craignions de sortir des limites d'un simple compte rendu, nous aimerions à insister sur cette nature du prêt à intérêt, car c'est là, réellement, que se trouve la solution de la difficulté. Supprimer le prêt à intérêt, c'est supprimer un terme nécessaire dans la liste des conventions auxquelles peuvent donner lieu toutes choses. Nous avons dit que l'abandon de la propriété donnait naissance à deux contrats : la donation et l'échange ; l'abandon de la jouissance au commodat et au louage. Pourquoi donc dans les choses fongibles n'y aurait-il qu'un terme, le prêt ? L'échange est une donation à titre onéreux ; le louage, un commodat à titre onéreux ; pourquoi n'y aurait-il pas un prêt à titre onéreux qui est le prêt à intérêt ? En vain essaierait-on d'expliquer cette lacune par la nature même de l'argent monnayé. Celui-ci peut-être l'objet d'une vente qui n'est autre que le contrat de change ; pourquoi ne pourrait-il pas être l'objet d'un louage, ou plutôt de ce quasi-louage qu'on appelle prêt à intérêts. Si la législation romaine au lieu d'appeler *mutuum* le commodat ou le louage des choses fongibles leur avait donné les noms de quasi-commodat et de quasi-louage, comme elle a appelé plus tard quasi-usufruit l'usufruit des choses fongibles, aucun doute n'aurait pu naître. Une fois le mot prêt admis pour désigner le quasi-commodat, toute la difficulté en cette matière est venue de ce qu'il manquait un nom spécial au prêt à intérêt.

Veut-on enfin aller plus loin, attacher une importance exagérée à l'aliénation de la chose prêtée consentie à l'emprunteur par le prêteur ; nous disons que le prêt n'est qu'une vente à terme. Je vous prête 100 francs pour un an ; c'est-à-dire que je vous vends et que vous livre immédiatement 100 francs pour un prix de 100 francs que vous ne devrez me payer que dans un an. Que si je stipule des intérêts, ils ne sont rien autre chose que les intérêts du prix d'une vente mobilière à terme, intérêts que le droit coutumier lui-même considérait comme légitimes, et qui, s'ils ne couraient pas de plein droit comme dans les ventes d'immeubles, pouvaient au moins être stipulés.

A quelque point de vue donc qu'on se place, l'intérêt apparaît comme légitime et sans qu'un principe quelconque puisse venir justifier même sa limitation.

Revenons au livre de M. Pelisse : l'intérêt est donc économiquement et juridiquement justifié ; mais n'existe-t-il pas des raisons d'ordre public qui puissent autoriser le législateur à déroger aux principes en en limitant le taux?

A cette dernière série d'objections, l'auteur répond en montrant d'une part que la limitation par la loi, loin de réfréner l'usure, amène un résultat opposé : plus grands sont les périls qui menacent l'usurier, plus celui-ci fera payer cher les risques auxquels il s'expose. D'autre part, la liberté aura cet effet inévitable d'abaisser le taux de l'intérêt. La libre concurrence produit ce résultat pour toutes espèces de valeurs, pourquoi en serait-il autrement en ce qui concerne l'argent? M. Pelisse fait alors appel à toutes les législations des peuples qui nous entourent. Presque partout le taux de l'intérêt est libre, et tous les documents, toutes les statistiques font preuve des excellents résultats que la liberté a produits.

Sans doute il faut protéger les incapables contre les spéculations dont ils pourraient être victimes; il faut réprimer la fraude partout où elle se rencontre; mais il faut aussi respecter la liberté des conventions qui est la base du droit moderne. La disposition du Code civil qui exigeait que le taux de l'intérêt fut stipulé par écrit était excellente et devrait être conservée, au moins pendant la période de transition. Si par des détours, et notamment en majorant le chiffre du capital prêté, on arrivait à éluder cette disposition, l'emprunteur devrait être admis à prouver par tous moyens la fraude dont il aurait été victime. Mais, d'ailleurs, le prêt à intérêt est-il donc le seul contrat par lequel un individu gêné puisse se trouver victime de la cupidité de ceux à qui il a recours pour se tirer d'affaire? La vente ne peut-elle pas produire les mêmes effets? La loi a écrit un cas de rescision dans les ventes d'immeubles quand il y a lésion de plus de sept douzièmes. Les ventes de meubles au contraire ne sont aucunement réglementées, et ce sont précisément celles qui peuvent donner naissance aux exploitations les plus éhontées! En ce cas, la loi a pensé que les règles générales sur la validité des conventions suffisaient pour obvier à ces inconvénients. Si le consentement a été vicié, la convention est nulle. Il en sera évidemment de même en matière de prêt.

« En résumé, dit M. Pelisse, la loi de 1807 implique un

« état de mœurs, de besoins, qui ne correspond pas à nos « mœurs, à nos besoins actuels. Pour faire face à ces exigen-« ces, le législateur, la jurisprudence, la pratique ont tantôt « ouvertement, tantôt indirectement violé cette loi. Les mo-« tifs les plus graves et les plus puissants réclament un « changement dans la législation dans le sens de la liberté. »

Nous nous rangeons entièrement à l'opinion de l'auteur, et son livre n'eût-il d'autre mérite que de venir presser le législateur d'abroger la loi de 1807 qu'il aurait déjà une utilité incontestable.

Mais ce livre fait plus encore, car il contient en substance toutes les pièces du procès. Sans doute il ne présente aucun caractère d'originalité; mais nous nous hâtons de reconnaître qu'il n'en pouvait être autrement dans une pareille matière qui a passionné depuis vingt-cinq siècles tous les philosophes et tous les jurisconsultes. Ce qui frappe à chaque instant dans le travail que nous avons analysé, c'est qu'il témoigne d'une érudition sérieuse et de recherches patientes. M. Pelisse a-t-il tiré tout le parti qu'on pouvait attendre des richesses historiques qu'il a exhibées? Non assurément; mais il faut remarquer, et nous aurions dû le dire plus tôt, que son travail est une thèse de doctorat et qu'on ne pouvait demander à l'auteur de faire en moins de trois cents pages un ouvrage qui, pour être complet, aurait demandé plusieurs gros volumes. Telle qu'elle est, sa thèse a une sérieuse valeur, et c'est avec raison qu'elle a été vivement remarquée à la Faculté de droit de Paris.

www.ingramcontent.com/pod-product-compliance
Ingram Content Group UK Ltd.
Pitfield, Milton Keynes, MK11 3LW, UK
UKHW021032220726
13924UKWH00001B/275